BEI GRIN MACHT SICH IHR WISSEN BEZAHLT

Psychologische Forschungsmethoden und Berufsbilder

Bibliografische Information der Deutschen Nationalbibliothek:

Die Deutsche Nationalbibliothek verzeichnet diese Publikation in der Deutschen Nationalbibliografie; detaillierte bibliografische Daten sind im Internet über http://dnb.d-nb.de abrufbar.

ISBN: 9783346604934
Dieses Buch ist auch als E-Book erhältlich.

© GRIN Publishing GmbH
Trappentreustraße 1
80339 München

Druck und Bindung: Books on Demand GmbH, Norderstedt Germany
Gedruckt auf säurefreiem Papier aus verantwortungsvollen Quellen

Das Buch bei GRIN: https://www.grin.com/document/1177314

Einsendeaufgabe

Einführung in die Psychologie

Alternative B – Psychologische Forschungsmethoden und Berufsbilder

SRH Fernhochschule – The Mobile University

Modul: Einführung in die Psychologie

Studiengang: B. Sc. Psychologie

Inhaltsverzeichnis

Abkürzungsverzeichnis

bzgl.	bezüglich
bzw.	beziehungsweise
d.h.	das heißt
f.	folgende Seite
ff.	folgende Seiten
ggf.	gegebenenfalls
i.d.R.	in der Regel
o.ä.	oder ähnliches
S.	Seite
u.a.	unter anderem
usw.	und so weiter
vgl.	vergleiche
z.B.	zum Beispiel

1. Aufgabe B1

In Unterkapitel 1.1. werden psychologische Forschungsmethoden erläutert. In Unterkapitel 1.2. werden die Hauptgütekriterien externe und interne Validität definiert um nachfolgend in 1.3. die Forschungsmethoden in das Spektrum der externen und internen Validität eingeordnet.

1.1. Psychologische Forschungsmethoden

Es gibt viele verschiedene Forschungsmethoden, die nun erläutert werden. Beginnend mit den Quantitativen und Qualitativen Forschungsmethoden, die im Folgenden beschrieben sind.

Quantitative Forschungsmethoden

Bei den quantitativen Forschungsmethoden werden arithmetische Daten gesammelt, die durch beschreibende statistische Verfahren verarbeitet werden.[1] Dadurch ist es möglich, Hypothesen zu überprüfen und neue Erkenntnisse zu gewinnen.

Die Durchführung einer quantitativen Forschungsmethode ist dann sinnvoll, wenn gemessen werden soll, wie häufig ein Phänomen auftritt, der Forschungsgegenstand genau untersucht werden soll oder um wissenschaftliche Hypothesen zu überprüfen. Dabei geht es hier um eine naturwissenschaftliche Herangehensweise an die Untersuchung des menschlichen Handelns.[2]

Qualitative Forschungsmethoden

Die qualitativen Forschungsmethoden werden genutzt um Theorien zu bilden und Hypothesen zu finden. Sie werden bei komplexen Zusammenhängen eingesetzt, wenn wenig Vorwissen besteht oder wenn man tiefe Einblicke über einen Forschungsgegenstand gewinnen möchte. Die Forschungsmethoden sind vor allem dann sinnvoll, wo keine Fakten und Zahlen eine Rolle spielen, sondern Meinungen, Einstellungen, Verhaltensweisen oder Erwartungen untersucht werden sollen.[3]

Qualitative Feldstudie

Die qualitative Feldstudie bedeutet die genaue Beobachtung von Verhaltensweisen. Zum Beispiel wird die Häufigkeit der Nennung bestimmter Inhaltskategorien in Interviews, die mit Repräsentanten sozialer Rollen geführt worden sind, analysiert.[4]

---

[1]Vgl. Mühlfelder, M. (2016). Studienbrief Einführung in die Psychologie S.71
[2]Vgl. Wichmann, A. (2019). Quantitative und Qualitative Forschung im Vergleich – Denkweisen, Zielsetzungen und Arbeitsprozesse. (S.15)
[3]Vgl. Mühlfelder, M. (2016). Studienbrief Einführung in die Psychologie. S.72
[4]Vgl. Mühlfelder, M. (2016). Studienbrief Einführung in die Psychologie. S.72

Teilnehmende Beobachtung

Die teilnehmende Beobachtung zeichnet sich durch die Teilnahme des Forschers bei der Forschung denjenigen, die er oder sie erforschen möchte, aus. Dies erfolgt durch reale Interaktionen bzw. die Beobachtung des Verhaltens und Denkens.[5] Der Beobachter lernt den Menschen besser durch Interaktion und Gespräch kennen.[6]

Computersimulation

Bei der Computersimulation werden computergestützte Laborexperimente dazu genutzt, psychische Prozesse zu simulieren und mit dem Verhalten der Menschen zu vergleichen.[7] Bei der Computersimulation werden Daten generiert.[8]

Quasi-Experiment

Forschungsdesigns, die keine zufällige Zuordnung zu Bedingungen beinhalten, sondern alternative Strategien verwenden, um Bedrohungen für die interne Gültigkeit zu kontrollieren.[9] Es werden beispielsweise verschiedene Schulklassen miteinander verglichen, bei denen Vergleiche von Bildungsmaßnahmen ggf. schwer sind, da die Bildungshintergründe sehr unterschiedlich sind.[10]

Laborexperiment

Das Laborexperiment beschreibt ein Experiment unter Laborbedingungen. Dies hat den Vorteil, dass die unabhängigen Variablen genaustens kontrolliert werden können (beispielsweise durch Zufallszuteilung der Stichproben).[11]

Kontrolliertes Feldexperiment

Feldexperimente finden im natürlichen Setting statt. Z.B. stellt sich bei der Vermarktung eines Computers die Frage, welche Altersgruppen primär als Konsumenten zu betrachten ist. Durch

---

[5]Vgl. Mühlfelder, M. (2016). Studienbrief Einführung in die Psychologie. S. 36
[6]Vgl. Scholz, G. Teilnehmende Beobachtung. S. 1 (Stand: 30.03.2020)
[7]Vgl. Bachmann, G. (2009). Teilnehmende Beobachtung. Handbuch Methoden der Organisationsforschung. S. 248
[8]Vgl. Mühlfelder, M. (2016). Studienbrief Einführung in die Psychologie. S. 36
[9]Vgl. Rey, G. (2009). Methoden der Entwicklungspsychologie. Datenerhebung und Datenauswertung. (Stand: 23.03.2020) http://www.methoden-psychologie.de/computersimulation.html
[10]Vgl. Handbuch der Krankheitslasten und Maßnahmen zur Verbesserung der Lebensqualität. (2010)
[11]Vgl. Mühlfelder, M. (2016). Studienbrief Einführung in die Psychologie. S.73

Umfragen werden konkrete Daten erhoben und die Marketingstrategie kann direkt auf die Bedürfnisse der Konsumenten abgestimmt werden.[12]

Systematische Verhaltensbeobachtung

Die spezielle Form der Fremdbeobachtung stellt das Beobachten eines Verhaltensausschnitts durch eine andere Person dar. Die absichtliche, aufmerksame Art des Wahrnehmens, die ganz bestimmte Aspekte von Probanden beobachtet, ist eine systematische Verhaltensbeobachtung.[13]

1.2. Definition der Kriterien externer und interner Validität

Erstmal werden die Gütekriterien interne und externe Validität definiert, um anschließend die Einordnung der psychologischen Forschungsmethoden vorzunehmen. Es gibt noch weitere Kriterien, die angewandt werden, um ein qualitatives psychologisches Forschungsdesign zu generieren. Dazu zählt u.a.: Objektivität und Reliabilität.

Externe Validität

Die Ergebnisse eines extern validen Experiments sind durch die Allgemeinbarkeit gekennzeichnet, welches über das Forschungsdesign hinausgehen. (z.B. auf die gesamte Bevölkerung, andere Situationen oder Gruppen).[14] Das bedeutet, dass die Ergebnisse auch außerhalb der Forschung gültig sind. Wenn z.B. das Kaufverhalten von Kunden einer Firma, die ihre Artikel in verschiedenen Läden verkauft, untersucht werden, sagt das Ergebnis zwar etwas über die Kunden der Firma aus, jedoch kann es nicht generalisiert und auf die gesamte Bevölkerung angewendet werden.

Interne Validität

Das intern valide Experiment beschreibt das Ausmaß an Kontrollierbarkeit von Störvariablen in einer Untersuchung. Die interne Validität einer Untersuchung ist hoch, wenn die Veränderung der abhängigen Variabler zurückgeführt werden kann. Die Experimente werden besonders im Labor durchgeführt.[15] Beispielsweise wird der Effekt von Alkohol auf die Fahrtauglichkeit gemessen. Es gibt zwei Gruppen: Eine Gruppe bekommt zwei Gläser Bier, die

---

[12]Vgl. Onpulson-Magazin. (2020). (Stand: 23.03.2020). https://www.onpulson.de/lexikon/feldforschung/
[13]Vgl. Gniewosz, B. (2015). Empirische Bildungsforschung. S.109
[14]Vgl. Mühlfelder, M. (2016). Studienbrief Einführung in die Psychologie. S.35
[15]Vgl. Mühlfelder, M. (2016). Studienbrief Einführung in die Psychologie. S.35

andere nicht. Danach werden sie ein paar Übungen mit dem Auto gemacht. Das Wichtige ist, dass der, der das Experiment durchführt, alles plant und kontrolliert. Durch genaue Kontrolle und Beobachtung wird gewährleistet, dass die interne Validität hoch ist.

1.3. Einordnung der psychologischen Forschungsmethoden in das Spektrum interner und externer Validität

Im Folgenden werden die Forschungsmethoden in das Spektrum der internen und externen Validität zugeordnet.

Quantitative Forschungsmethoden haben keine hohe externe Validität, da die Ergebnisse der Forschungsmethode nicht generalisierbar sind. Zum Beispiel werden Daten von Teilnehmern einer Studie gesammelt, um an ein repräsentatives Ergebnis zu kommen. Dieses Resultat zählt für die Teilnehmer, aber nicht für z.b. die ganze Bevölkerung. Das zählt jedoch nicht für die interne Validität. Durch die statistische Überprüfbarkeit, das kontrollierte Design und hohe Kontroller der Störvariablen (z.b. im psychologischen Experiment), ist die interne Validität sehr hoch.

Qualitative Feldstudien haben eine recht hohe externe Validität, da die Beobachtung von Verhaltensweisen auf viele andere Situationen bezogen werden kann. Jedoch besitzen sie eine eher geringe interne Validität, auf Grund von zu vielen Störvariablen. Zum Beispiel könnte der Beobachtete in außergewöhnlichen Fällen anders reagieren und dadurch ist das Testergebnis verfälscht.[16]

Dadurch, dass bei der teilnehmenden Beobachtung der Beobachter Teil des Systems wird, beeinflusst er das zu analysierende System, was zu einer Verringerung der internen Validität führt. Viele Störvariablen sind in einem solchen System so gut wie gar nicht zu kontrollieren, wenn der teilnehmende Beobachter gleichzeitig z.B. disziplinarischer Vorgesetzter des Studienteilnehmer ist. Die externe Validität ist ebenso sehr gering, da die Ergebnisse nicht generalisierbar sind.

Die Computersimulation besitzt eine hohe interne Gültigkeit, da so gut wie keine Störvariablen gegeben sind. Die Simulation kann von keinen äußeren Einflüssen gestört werden und deshalb können dadurch einwandfreie Ergebnisse erzielt werden. Da jedoch die Ergebnisse nicht auf andere Bevölkerungen anwendbar sind, ist die externe Validität sehr niedrig.[17]

---

[16]Vgl. Mühlfelder, M. (2016). Studienbrief Einführung in die Psychologie. S.71ff
[17]Vgl. Mühlfelder, M. (2016). Studienbrief Einführung in die Psychologie. S.35

Das Quasi-Experiment besitzt eine hohe externe Validität, da die Ergebnisse der Forschung über das Forschungsdesign hinaus gehen. Die interne Validität dagegen ist sehr gering, da das Experiment in der natürlichen Umgebung der Untersuchungsteilnehmer durchgeführt wird.[18] Das Laborexperiment gewährleistet höchstes Maß an interner Validität, da es zu keinen äußerlichen Störfaktoren kommen kann. Die unabhängigen Variablen können genaustens kontrolliert werden und dadurch wird das Ergebnis auf keiner Weise beeinflusst.

Durch kontrollierte Bedingungen im Lebensraum ist das kontrollierte Feldexperiment extern valide. Da das Feldexperiment an einem öffentlichen Ort stattfindet wie beispielsweise in der Schule, in einem Kaufhaus, vor einem Kino, ist es schwer, nebenwirkende Variablen auszuschalten. Die Störvariablen sind schwer zu kontrollieren und deshalb ist die interne Validität geringer anzusetzen.[19]

---

[18] Vgl. Stangl, W. (2012). Abulie. Lexikon für Psychologie und Pädagogik
[19] Vgl. Mühlfelder, M. (2016). Studienbrief Einführung in die Psychologie. S. 25

2. Aufgabe B2

In folgenden Unterkapitel wird erklärt, warum das psychologische Experiment als „Königsweg" bezeichnet wird. Anschließend werden Vor- und Nachteile psychologischer Experimente im Vergleich mit anderen sozialwissenschaftlichen Methoden erläutert.

2.1. Das Psychologische Experiment als „Königsweg"

Der Königsweg bedeutet: „idealer Weg zu einem hohen Ziel."[20] Eine der wichtigsten Methoden, um an psychologische Erkenntnisse zu gelangen, ist das Experiment.[21] Es ist ein willkürlicher Eingriff in einen natürlichen Ablauf, der planmäßig, kontrolliert und erwartungsgerichtet definierte Bedingungskonstellationen mit dem Ziel herbeiführt, die Folgen dieses Eingriffs möglichst umfassend zu beobachten.[22]

Es gibt Labor- und Feldexperimente. Bei den Laborexperimenten lässt sich die Kontrolle in der Untersuchung gut behalten. Bei Feldexperimenten weisen die Ergebnisse viele Störfaktoren auf.[23]

Ein Experiment ist eine empirische Untersuchung, bei der die Untersuchungseinheiten den Untersuchungsbedingungen zufällig zugeordnet werden (Randomisierung). Ein Experiment wird i.d.R. ausgeführt, um zu prüfen, ob eine wissenschaftliche Ursache-Wirkungs-Hypothese (Kausalität) gültig ist.[24]

Wieso psychologische Experimente einen Grundstein für wichtige Erkenntnisse legt, wird im folgenden Beispiel dargestellt.

Es ist eines der bekanntesten Experimente, das Stanford Gefängnis Experiment. 1971 führte der amerikanische Psychologe Philip Zimbardo eine klassische Studie durch, bei der gesunden Männern rekrutiert wurden. Durch Zufall wurden die Männer in zwei Gruppen geteilt, in die Gefangenen und die Wärter. Die Gefangenen bekamen schlechte Kleidung, schliefen auf schlechten Matrazen und bekamen einfaches Essen, währenddessen die Wärter eine Uniform besaßen und es ihnen sehr gut gehen ließen. Nach kurzer Zeit begannen die Wärter nicht nur für Ruhe zu sorgen, sondern fingen an die Gefangenen zu quälen. So ließen sie die Gefangenen

---

[20]Vgl. Bibliographisches Institut GmbH. (2020). (Stand: 23.03.2020). https://www.duden.de/rechtscheibung/Koenigsweg
[21]Vgl. Stangl, W. Experiment. (2020). Lexikon für Psychologie und Pädagogik. (Stand: 22.03.2020). https://lexikon.stangl.eu/3447/experiment/
[22]Vgl. Lexikon der Psychologie. Experiment. (2000). Spektrum Akademischer Verlag, Heidelberg. (Stand: 22.03.2020). https://www.spektrum.de/lexikon/psychologie/expeiment/4546
[23]Vgl. Von der Assen, A. (2016). Crash-Kurs Psychologie. S.134f
[24]Vgl. Rack, O & Christophersen, T. (2007). Methodik der empirischen Forschung. S.17f

lange stehen, beleidigten sie oder es kam sogar zu heftiger Gewalt, sodass das Experiment schon nach sechs Tagen abgebrochen werden musste, obwohl es eigentlich für 14 Tage geplant war.[25] Zimbardo und seine Kollegen waren daran interessiert, ob die Brutalität, die unter Wachen in amerikanischen Gefängnissen gemeldet wurde, auf die sadistischen Persönlichkeiten der Wachen zurückzuführen war oder mehr mit dem Gefängnisumfeld.

„Das Fazit dieser Studie lautet also: Starke soziale Situationen können die Identität guter Menschen auf negative Weise verändern." – Zimbardo[26]

Durch solch reale Experimente sind die Menschen in der Lage, Schlussfolgerungen aus menschlichen Verhalten zu ziehen.

2.2. Vor- und Nachteile psychologischer Experimente im Vergleich mit anderen sozialwissenschaftlichen Methoden

Dieses Unterkapitel beschäftigt sich mit den Vor- und Nachteilen psychologischer Experimente. Anschließend wird der Vergleich mit anderen sozialwissenschaftlichen Methoden wie z.B. der systematischen Feldbeobachtung.

Beginnend mit den Vorteilen lässt sich sagen, dass Experimente eine genaue Messung mit sich bringen.

Außerdem existiert eine bestimmte Kontrolle von Störvariablen, sodass diese vermieden werden können, was zu einer hohen internen Validität führt.

Experimente führen zu wichtigen analysierenden Daten, außerdem sind sie reproduzierbar, d.h., dass sie wiederholbar sind. Zusätzlich sind Experimente replizierbar, um sicher zu gehen, dass es kein Zufallsfund war, sondern eine Allgemeingültigkeit. Bei Wiederholung soll dasselbe Ergebnis dabei herauskommen.

Ebenso ist es ein Mittel zur Erkenntnis psychischer Sachverhalte, die heutzutage sehr von Nutzen sind. Das Experiment erweitert die „natürlichen" Einsichten durch „synthetische", d.h. man kann sie planmäßig und unabhängig von der nur subjektiven Geltung erarbeiten. Dadurch entstehen weitgefächerte, objektive Ergebnisse.[27]

---

[25]Vgl. Van Dick, R. (2015). Stress lass nach! Hinter Schloss und Riegel: Stress und Identität im Gefängnis. (situativ)
[26]Vgl. Haney, C., Banks, WC & Zimbardo, PG. (1973). Eine Studie über Gefangene und Wachen in einem simulierten Gefängnis. Naval Research Review. S. 4-17

[27]Vgl. Stangl, W. (200). Tests und Experimente in der Psychologie. S.6

Durch psychologische Experimente bzgl. beispielsweise des Kaufverhaltens von Kunden, können wichtige Informationen gewonnen werden, die durch bessere Planung zu einer höheren Nachfrage eines Produkts führt.[28]

Außerdem kann das Wissen der Menschen erweitert werden, da Experimente in allen Lebensbereichen angewendet werden können. Beispielsweise können Hundebesitzer das Verhalten seines Hundes beobachten und durch ein Experiment an Erkenntnisse erlangen, die er sonst nie gewusst hätte. Z.B. pawlowscher Hund: jedes Mal, als der Hund sein essen bekam, läutete ein Glockenton. Nach einigen solchen Futtergaben begann schon allein nach einem Glockenton der Speichel des Hundes zu fließen. Der Hundetrainer hat dadurch erkannt, dass ein Hund lernen und durch Konditionierung auch andere Verhaltensweisen trainieren kann.[29]

Im nächsten Teil werden die Nachteile psychologischer Experimente aufgeführt. Die Generalisierbarkeit ist begrenzt d.h. die Ergebnisse können nicht auf alle Situationen angewendet werden, da diese meist subjektiv sind.

Durch künstliche Erhebungssituationen, die beispielsweise im Labor gemacht werden, ergeben sich künstliche Ergebnisse, die teilweise fehlerhaft sein können.

Außerdem sind die Organismus Variablen nicht experimentell variierbar: Variablen wie Geschlecht, Alter, etc. lassen sich nicht experimentell manipulieren, sondern können lediglich als Drittvariable im Experiment erfasst werden.

Die experimentelle Variation kann nicht beliebig oft durchgeführt werden. Im Labor herrschen keine realen Bedingungen, was bedeutet, dass keine reale Beobachtung möglich ist. Viele Verhaltensweisen werden nur in der Realität erkannt.[30]

Ein sehr wichtiger Punkt, der früher vernachlässigt wurde, wie es die Experimente Stanford-Prison Experiment und Milgram-Experiment zeigen, sind die ethischen Grenzen. Folgende ethische Probleme können auftreten. Schädigung der Versuchsperson z.B. Verletzung von deren Selbstwertgefühl durch zu schwierigen Aufgaben o.ä.[31] Als Beispiel das Little Albert Experiment. John B. Watson ging davon aus, dass die ängstliche Reaktion von Kindern auf laute Geräusche eine angeborene bedingungslose Reaktion ist. Er versuchte, ein Kind zu konditionieren, um einen bestimmten Reiz zu fürchten, den ein Kind normalerweise nicht fürchten würde. Das Ziel war es, eine Phobie bei einem emotional stabilen Kind zu

---

[28]Vgl. Fichter, C, Ryf, S & Basel, J. (2018) Wirtschaftspsychologie für Bachelor, Konsum. S. 30
[29]Vgl. Goerigk, C & Schmithüsen, F. (2019) Der Psycho-Comic Konditionierung. S. 49

[30]Vgl. Rey, G. Methoden der Entwicklungspsychologie. Datenerhebung und Datenauswertung. (Stand: 23.03.2020). http://www.methoden-psychologie.de/bewertung_exp_2.html
[31]Vgl. Stangl, W. (2000). Tests und Experimente in der Psychologie. S.8f

konditionieren. Dazu wurde eine weiße Ratte in die Nähe von Albert gelegt. Jedes Mal, als Albert die Ratte berührte, erfolgte ein lauter Knall. Darauf reagierte das Kind ängstlich. Dadurch entwickelte Albert eine Phobie vor Ratten bzw. generell vor pelzigen Tieren.[32] Zentrale Fehlerquellen wie Bedeutungsfehler können häufig beobachtet werden. Die experimentelle Planung engt die Untersuchungsmöglichkeit auf operationalisierbare Anordnungen ein. Aus bedeutsamen Problemen werden deshalb „richtige", die zu einer „leblosen" Psychologie führen, weil eher eine Methode demonstriert als Inhalte vermittelt werden. Übergeneralisation ergibt sich, wenn die Ergebnisse über die Gültigkeit verallgemeinert werden.[33]

Nun wird der Vergleich mit anderen sozialwissenschaftlichen Methoden dargestellt.

Die systematische Feldbeobachtung

Die systematische Feldbeobachtung findet im natürlichen Umfeld statt, so dass die Untersuchungsbedingungen den Alltagsbedingungen ähneln und auf diese möglichst gut übertragbar sind. Die Natürlichkeit der Bedingungen ergibt sich durch eine verminderte Kontrolle von Störvariablen. Außerdem wird dem Beobachter ein Satz von Regeln vorgegeben, die vorschreiben, was und wie dieser beobachten und protokollieren soll. (z.B. den Augenkontakt zu einer anderen Person).

Im Vergleich zu psychologischen Experimenten sind bei den systematischen Feldbeobachtungen die Störvariablen nicht so gut kontrollierbar. Aber dafür ist der Alltag viel präsenter und kann dadurch auf andere alltagsähnliche Situationen übertragen werden. Durch reale Bedingungen im Gegensatz zu Experimenten, sind auch reale Beobachtungen möglich. Bei der Feldbeobachtung ist mit entsprechendem Zeit- und Kostenaufwand der Forschenden zu rechnen. Es kommt darauf an, welches Untersuchungsfeld wie oft und wie lange aufgesucht werden muss. Wenn es sich beim Feld um geschlossene Orte handelt, sind mit den Verantwortlichen vor Ort besondere Vorkehrungen und Absprachen zu treffen. Denn es ist wichtig, im Feld unter Beachtung der Forschungsethik sowie wissenschaftlicher Kriterien systematisch empirische Daten erheben zu können (z.B. Unterrichtsbeobachtung in der Schule).

---

[32]Vgl. Urhahne, Detlef. (2019). Psychologie für den Lehrberuf, Lernen und Verhalten. S.5f
[33]Vgl. Stangl, W. (2000). Tests & Experimente in der Psychologie. S.8f

Bei Experimenten ist der Aufwand nicht so erheblich, jedoch haben sie die Protokolierbarkeit und die strukturierte Beobachtung gemeinsam.[34]

Das Interview

Das Interview ist im Gegensatz zu Experimenten sehr zeitaufwendig in der Vorbereitung, Durchführung und Auswertung. Eine mündliche Befragung bietet eine höhere Kontrolle im Hinblick auf die Erhebungssituation, das inhaltliche Verständnis der befragten Person, die Reihenfolge der Fragen, die Dauer und damit ist das Interview im Vorteil.

Jedoch ist ein Interview vorzubereiten und zu führen sehr komplex, wesentlich komplexer als ein Experiment durchzuführen.

Ebenso ist es nur möglich, Menschen in einem gewissen Alter, die über genügend Reflexionsfähigkeit verfügen zu befragen. Bei psychisch auffälligen jungen Erwachsenen ist die Fremdanamnese nötig, dabei werden die Eltern dann befragt. Bei Experimenten hingegen spielt es keine Rolle, was für ein Gegenstand benutzt werden kann.[35]

---

[34]Vgl. Döring, N. & Bortz, J. (2015). Forschungsmethoden und Evaluation in den Sozial- und Humanwissenschaften, Datenerhebung. S.205ff
[35]Vgl. Renner, K. & Jacob, N. (2019). Das Interview Grundlagen und Anwendung in Psychologie und Sozialwissenschaften. S.3, 7, 19

3. Aufgabe B3

Zum Schluss werden drei verschiedene psychologische Berufsbilder dargestellt, um die Praxis in der Psychologie besser kennenzulernen. Anschließend wird gezeigt, inwiefern sich die Grundlagen- und Anwendungsfächer in der Psychologie widerspiegeln.

3.1. Berufsbilder in der Psychologie

Psychologischer Psychotherapeuten

Psychologische Psychotherapeuten mit eigener Praxis behandeln meist Patienten mit psychischer Störung, die gut ambulant unterstützbar sind. Sie diagnostizieren und behandeln psychische Krankheiten. Sehr wichtig dabei ist, dass der Aufbau einer tragfähigen therapeutischen Beziehung und die Anwendung von Reflexionstätigkeit gewährleistet ist. Je nach Therapiemethode werden während der Therapie praktische Übungen und „Hausaufgaben" gelernt und eingeübt. Unter anderem müssen psychologische Psychotherapeuten Anträge stellen und Verlängerungen schreiben, Sitzungen vor- und nachbereiten, Fragebögen und Tests auswerten, Rechnungen schreiben, die Buchhaltung erledigen usw.[36] Das Ziel im Rahmen einer psychotherapeutischen Behandlung ist, durch die Diagnostik, Therapie und Rehabilitation eine Heilung bzw. Linderung der Störungen zu gewährleisten.[37]

Es ist nicht obligatorisch eine eigene Praxis zu besitzen. Es ist auch möglich, in einer Psychiatrie Therapiesitzungen durchzuführen. Dort müssen sie Patienten behandeln, Tests auswerten, vollständig Dokumentationen ausführen und Befunde erheben. In der Psychiatrie werden schwerstkranke Patienten behandelt und deshalb ist es wichtig, dass psychologische Psychotherapeuten strukturiert arbeiten können und sich auf spezifische Fragestellungen fokussieren.[38]

Arbeitspsychologen

Arbeitspsychologen sind Experten für die Analyse, Bewertung und Gestaltung von Arbeitsfähigkeiten- und Systemen. Sie beschäftigen sich mit der Passung zwischen individuellen Eigenschaften und Kompetenzen und beruflichen Umfeld, mit Arbeitsmotivation.- Bedingungen-, Aufgaben und deren Gestaltung, mit den Auswirkungen

---

[36]Vgl. Mendius, M & Werther, S. (2019). Faszination Psychologie – Berufsfelder und Karrierewege. S.35ff
[37]Vgl. Frodl, A. (2018). Gesundheitsberufe im Einsatz. S.452
[38]Vgl. Mendius, M. & Werther, S. (2019). Faszination Psychologie. S.27

von Arbeit (z.B. Stress) usw. Der Beruf des Arbeitspsychologen ist breit gefächert, er geht von der Berufssuche bis hin zum Übergang des Ruhestands. Das Ziel ist es, die Arbeit so zu gestalten, dass Gesundheit und Leistungsfähigkeit der Beschäftigten bewahrt wird und sie ihnen Lern- und Entwicklungsmöglichkeiten bietet. Sie sind in vielen Branchen tätig: im öffentlichen Dienst, in der Privatwirtschaft und im Kultur- und Non-Profit-Bereich. Arbeitspsychologen werden zukünftig immer gefragter, durch die Globalisierung und neuer Technologien, sowie der Individualisierung von Arbeitsplätzen und Arbeitszeiten.[39] Es wird versucht, Mensch, Technik und Organisation so zu gestalten, dass die Produktivität erhöht und menschliche Bedürfnisse nach sozialer Einbindung und Unterstützung berücksichtigt werden.[40]

Rechtspsychologen

Rechtspsychologen begutachten Inhaftierte bzgl. der Lockerung bzw. Verschärfung von Sicherheitsmaßnahmen, jedoch auch familienrechtliche Stellungnahmen bei der Entscheidung über das elterliche Sorgerecht für Kinder und um die psychologische Beurteilung der Schwere einer geistigen Behinderung. Die folgenden Forschungs- und Anwendungsbereiche stellen den Kern der Rechtspsychologie dar: Psychodiagnostische Begutachtung von Straftätern und Opfern, Prävention von Straftätern, Resozialisierung von Straftätern, Polizeipsychologie, Feststellung der Schuldfähigkeit, Psychologie der Gerichtsverhandlung usw.[41] Die Untersuchung der Probanden finden an unterschiedlichen Orten statt. Im Büro oder in den meisten Fällen in Straf- oder Untersuchungshaft bzw. in einer geschlossenen Klinik.[42] Ferner ab sind sie in folgenden Bereichen tätig: Familienrecht, Strafrecht, Zivilrecht, Sozialrecht, Verwaltungsrecht, Transsexuellen Recht. Darüber hinaus finden sich Tätigkeitsfelder bei der Polizei und im Strafvollzug. Der Arbeitsmarkt wächst stetig überwiegend auf selbstständiger Basis.[43]

---

[39]Vgl. Mendius, M & Werther, S. (2019). Faszination Psychologie – Berufsfelder und Karrierewege. S.82
[40]Vgl. Mühlfelder, M. (2016). Studienbrief Einführung in die Psychologie. S.38
[41]Vgl. Mühlfelder, M. (2016). Studienbrief Einführung in die Psychologie. S.55
[42]Vgl. Mendius, M & Werther, S. (2019). Faszination Psychologie – Berufsfelder und Karrierewege. S.215f
[43]Berufsverband deutscher Psychologinnen und Psychologen bdp (Stand: 23.03.2020). https://www.bdp-verband.de/binaries/content/assets/beruf/berufsbild/rechtspsychologie.pdf

3.2. Widerspiegelung von anderen sozialwissenschaftlichen Methoden

Klinische Psychologie

In der klinischen Psychologie spiegelt sich das Berufsbild der psychologischen Psychotherapie wider. In diesem Themenfeld geht es um psychische Störungen, deren Behandlung und die Prävention sowie generell die Versorgung der Patienten. Außerdem spielt die Psychotherapie eine große Rolle, die gezielt professionelle Behandlung psychische Störung mit psychologischen Mitteln in den Vordergrund stellt. Es gibt viele verschiedene psychische Störungen. Unter anderem Depression und bipolare Störung, Angststörung, Schizophrenie, Essstörung, Persönlichkeitsstörung usw.[44] Die Entstehung psychischer Störungen ist ebenso ein wichtiger Punkt. Dabei geht es um die Verdrängung frühkindliche Konflikte und Entwicklungsdefizite der Persönlichkeit. Dadurch ist es realisierbar, die bestmöglichen Therapieansätze für den jeweiligen Patient zu schaffen um die Heilungs- bzw. Verbesserungschancen zu optimieren.[45]

Entwicklungspsychologie

Bei der Entwicklungspsychologie geht es um das langfristige Verhalten und die Veränderung von Individuen um die Entwicklungsverläufe beobachten und zu verstehen. In der Entwicklungspsychologie stellt man sich Fragen wie: In welchem Zeitraum des Lebens findet die Entwicklung eines Individuums überwiegend statt? Wann ist die Entwicklung abgeschlossen?[46] Viele Phasen des Lebens sind unterschiedliche Entwicklungsstufen. Vom Neugeborenen bis ins Erwachsenenalter, jeder Abschnitt des Lebens beinhaltet neue Fortschritte, Erkenntnisse und Erfahrungen.[47] Entwicklungen können jedoch auch gestört werden, wenn z.B. das Individuum im jungen Alter schlimme Erfahrungen durchleben musste wie Vergewaltigung, Mobbing, usw. Solche Erfahrungen müssen durch einen psychologischen Psychotherapeuten therapiert werden, da dies sonst schlimme Folgen für die Psyche haben könnte.

---

[44]Vgl. Caspar, F, Pjanic, I & Westermann, S. (2018). Klinische Psychologie. S.39
[45]Vgl. Mühlfelder, M. (2016). Studienbrief Einführung in die Psychologie. S.43
[46]Vgl. Kray, J. (2018). Entwicklungspsychologie Ein Überblick für Psychologiestudierende und -interessierte. S.1ff
[47]Vgl. Greve, W. & Thomsen, T. (2019) Entwicklungspsychologie Eine Einführung in die Erklärung menschlicher Entwicklung. S.6f

Gesundheitspsychologie

Bei der Gesundheitspsychologie geht es um das Wohlbefinden und die Lebensqualität. Dabei wird sich unter anderem mit dem Krankheitsverhalten auseinandergesetzt und es wird die Aufrechterhaltung von Gesundheit, zur Prävention und Behandlung von Krankheit gefördert. Die Gesundheitspsychologie beschäftigt sich mit Fragen wie beispielsweise wer wird krank und warum? Wie gehen Menschen mit ihrer Krankheit so um, dass es ihnen trotzdem gut geht? Wie lassen sich Wohlbefinden und Lebensqualität verbessern?[48] All das sind wichtige Fragen in der Gesundheitspsychologie, wenn es um den Beruf des psychologischen Psychiaters geht.[49]

Biologische Psychologie

Die biologische Psychologie beschäftigt sich mit der Verbindung zwischen biologischen Prozessen und menschlichen Verhalten, Erleben und Wahrnehmen. Biologische Vorgänge werden auf Verhalten, Denkprozesse und Emotionen abgestimmt. Körperliche Abläufe umfassen neuronale, hormonelle und biochemische Mechanismen.[50] Vor allem spielt das zentrale Nervensystem eine große Rolle, wenn es um die physiologischen und neurobiologischen Prinzipien des menschlichen Verhaltens geht. Durch die Magnet-Resonanz-Tomographie ist es möglich, Gehirnaktivitäten aufzunehmen.[51]

Wirtschaftspsychologie

Die Wirtschaftspsychologie spiegelt sich im Beruf der Arbeitspsychologen wieder. Das Verhalten des Menschen beim wirtschaftlichen Handeln spielt bei der Wirtschaftspsychologie eine wichtige Rolle. Die Wirtschaft gibt es, da es für die Menschen essentiell ist, in einer Welt zu leben, wo die Ressourcen knapp sind. Schon früher wollten unsere Vorfahren Güter herstellen oder gewinnen und so teilten sie sich auf um effizienter arbeiten zu können.[52] Das Erleben und Verhalten des Menschen als Produzent und Konsument von Waren und

---

[48]Vgl. Lippke, S. & Renneberg, B. (2006). Inhalte der Gesundheitspsychologie, Definition und Abgrenzung von Nachbarfächern. S.3
[49]Vgl. Vogt, I. (2018). Grundlagen der Gesundheitspsychologie
[50]Vgl. Von der Assen, A. (2016). Crash-Kurs Psychologie. S.67
[51]Vgl. Mühlfelder, M. (2016). Studienbrief Einführung in die Psychologie. S. 33
[52]Vgl. Fichter, C. (2018). Wirtschaftspsychologie für Bachelor. S.1ff

Dienstleistungen wird beschrieben und spielt auch beispielsweise bei der Personalwahl eine Rolle.[53]

Markt- und Werbepsychologie

Bei der Markt- und Werbepsychologie geht es um die Erforschung menschlicher Entscheidungen, die Menschen als Nachfrager und Anbieter von Gütern und Dienstleistungen treffen. Es wird untersucht, wie Kunden eine Marketingmaßnahme bewerten, und wie diese ihre Einstellung gegenüber einer Marke und ihr Kaufverhalten beeinflusst. Die Werbewirtschaft und die Hersteller von Produkten nutzen das Fachwissen von Psychologen, um die Wirksamkeit des Marketings zu steigern.[54]

Polizeipsychologie

Ein Anwendungsbereich der Rechtspsychologie ist u.a. die Polizeipsychologie, die sich mit Personal- und organisations-psychologischen Aufgaben beschäftigt, wie Personalauswahl, Lehre, Aus- und Fortbildung, Psychosoziale Versorgung usw. Außerdem gehören Einsatz- und kriminalpsychologische Aufgaben Unterstützung und Fachberatung, Öffentlichkeitsarbeit, taktische Kommunikation usw. ebenfalls dazu.[55]

Es gibt sehr viele Anwendungsbereiche, die sich in den verschiedenen Berufsbildern widerspiegeln. Manche Bereiche überschneiden sich sogar, da viele Themen ähnlich und übertragbar sind.

Allgemeine Psychologie

Die allgemeine Psychologie beschäftigt sich mit einem breit gefächerten Themengebiet, welches für viele Berufsbilder relevant sein können. Sie interessiert sich für die Prozesse und Mechanismen, in denen psychische Vorgänge ablaufen.[56] Es geht um die Erforschung von allgemeingültigen Gesetzmäßigkeiten der menschlichen Wahrnehmung, des Denkens, der Gefühle, und der Motivation. Durch die Verbindung zur Neurobiologie und Neurophysiologie können Lern- und Gedächtnisprozessen und plastischen Veränderungen untersucht werden.[57]

---

[53]Vgl. Mühlfelder, M. (2016). Studienbrief Einführung in die Psychologie. S.61
[54]Vgl. Mühlfelder, M. (2016). Studienbrief Einführung in die Psychologie. S.46ff
[55]Vgl. Mendius, M. & Werther, S. (2019) Faszination Psychologie - Berufsfelder und Karrierewege S.209
[56]Vgl. Müsseler, J. & Rieger, M. (2017). Allgemeine Psychologie. S.4
[57]Vgl. Mühlfelder, M. (2016). Studienbrief Einführung in die Psychologie. S.22

Die allgemeine Psychologie ist ein Teilgebiet der gesamten Psychologie, welche die psychischen Vorgänge der Prozesse und Mechanismen beinhalten. Das Interessante bei dem Themengebiet ist das Beschreiben des kognitiven Systems des Menschen. Im Allgemeinen geht es um die generellen Grundlagen und psychischen Funktionen der Menschen.[58]

Diese verschiedene Themengebiete spiegeln sich in den jeweiligen Berufen des psychologischen Psychotherapeuten, als auch in dem des Arbeitspsychologen und Rechtspsychologen wider. Die allgemeine Psychologie beinhaltet sehr viele unterschiedliche Bereiche, die für jede Menge psychologischer Berufe wichtig sind.

---

[58]Vgl. Becker-Carus, C & Wendt, M. (2003). Allgemeine Psychologie Eine Einführung. S.2

Literaturverzeichnis

Handbuch der Krankheitslasten und Maßnahmen zur Verbesserung der Lebensqualität (2010)

Bachmann, G. Teilnehmende Beobachtung. Handbuch Methoden der Organisationsforschung.

Caspar, F, Pjanic, I & Westermann, S. (2018). Klinische Psychologie.

Döring, N. & Bortz, J. (2015). Forschungsmethoden und Evaluation in den Sozial- und Humanwissenschaften, Datenerhebung.

Haney, C., Banks, WC & Zimbardo. (1973). Eine Studie über Gefangene und Wachen in einem simulierten Gefängnis. Naval Research Review

Fichter, C, Ryf, S & Basel, J. (2018) Wirtschaftspsychologie für Bachelor, Konsum.

Fichter, C. (2018). Wirtschaftspsychologie für Bachelor.

Frodl, A. (2018). Gesundheitsberufe im Einsatz.

Gniewosz, B. (2015). Empirische Bildungsforschung.

Goerigk, C & Schmithüsen, F. (2019) Der Psycho-Comic Konditionierung.

Greve, W. & Thomsen, T. (2019) Entwicklungspsychologie Eine Einführung in die Erklärung menschlicher Entwicklung.

Kray, J. (2018). Entwicklungspsychologie Ein Überblick für Psychologiestudierende und -interessierte.

Lippke, S. & Renneberg, B. (2006). Inhalte der Gesundheitspsychologie, Definition und Abgrenzung von Nachbarfächern

Mendius, M & Werther, S. (2019) Faszination Psychologie – Berufsfelder und Karrierewege. S.35ff

Mendius, M & Werther, S. Faszination Psychologie – Berufsfelder und Karrierewege.

Mühlfelder, M. (2016). Einführung in die Psychologie. Studienbrief der SRH Fernhochschule, Riedlingen.

Müsseler, J. & Rieger, M. (2017). Allgemeine Psychologie.

Rack, O & Christophersen, T. (2007) Methodik der empirischen Forschung.

Renner, K. & Jacob, N. (2019). Das Interview Grundlagen und Anwendung in Psychologie und Sozialwissenschaften.

Scholz, G. Teilnehmende Beobachtung.

Stangl, W. (2000). Tests & Experimente in der Psychologie.

Urhahne, D. (2019). Psychologie für den Lehrberuf, Lernen und Verhalten.

Van Dick, R. (2015). Stress lass nach! Hinter Schloss und Riegel: Stress und Identität im Gefängnis. (situativ)

Vogt, I. (2018). Grundlagen der Gesundheitspsychologie

Von der Assen, A. (2016). Crash-Kurs Psychologie.

Wichmann, A. Quantitative und Qualitative Forschung im Vergleich – Denkweisen, Zielsetzungen und Arbeitsprozesse.

Internetquellen

Berufsverband deutscher Psychologinnen und Psychologen bdp (Stand: 23.03.2020) https://www.bdp-verband.de/binaries/content/assets/beruf/berufsbild/rechtspsychologie.pdf

Bibliographisches Institut GmbH. (2020) (Stand: 23.03.2020). https://www.duden.de/rechtschreibung/Koenigsweg

Spektrum - Lexikon der Psychologie, Experiment. Akademischer Verlag. Heidelberg. (Stand: 22.03.2020). https://www.spektrum.de/lexikon/psychologie/expeiment/4546

Onpulson-Magazin (Stand: 23.03.2020). https://www.onpulson.de/lexikon/feldforschung/

Rey, G. Methoden der Entwicklungspsychologie. Datenerhebung und Datenauswertung. (Stand: 23.03.2020). http://www.methoden-psychologie.de/computersimulation.html

Stangl, W. Experiment. (2020) Lexikon für Psychologie und Pädagogik. (Stand: 22.03.2020). https://lexikon.stangl.eu/3447/experiment/